O ALOSSAURO TINHA DENTES AFIADOS, GARRAS, E DOIS PEQUENOS CHIFRES ACIMA DOS OLHOS.

O TIRANOSSAURO REX FOI UM GRANDE PREDADOR. ELE TINHA DENTES PONTIAGUDOS E UMA ENORME MANDÍBULA.

A CABEÇA DO TRICERÁTOPO ERA UMA DAS MAIORES ENTRE OS DINOSSAUROS. ELE TINHA DOIS CHIFRES NA TESTA E UM NO FOCINHO.